Andreas Knapp

# noch knapper

Andreas Knapp

# noch knapper

## 99 Miniaturen über Gott und die Welt

echter

Klimaneutral
Druckprodukt
ClimatePartner.com/12514-2101-1024

Der Umwelt zuliebe verzichten wir bei diesem Buch auf Folienverpackung.

Bibliografische Information der Deutschen Nationalbibliothek

Die Deutsche Nationalbibliothek verzeichnet diese Publikation in der Deutschen Nationalbibliografie; detaillierte bibliografische Daten sind im Internet über http://dnb.d-nb.de abrufbar.


www.echter.de

Umschlag: wunderlichundweigand.de
Innengestaltung: Crossmediabureau, Gerolzhofen
Druck und Bindung: Friedrich Pustet, Regensburg

ISBN 978-3-429-05608-7

## Vor dem Anfang ein Wort

Schon als Kind begann ich zu staunen über den Sternenhimmel über mir und die Gefühle von Sehnsucht und Liebe in mir. Ich interessierte mich für die Geschichte des Kosmos und beobachtete die Entwicklung von Kaulquappen zu Fröschen. Das Knien vor dem Ameisenhügel brachte mir den Spitznamen „Ameisenprofessor“ ein. Zeitgleich wuchs ich in die religiöse Praxis meiner Familie hinein und kniete auch öfter in der katholischen Kirche. Fasziniert vom Evangelium ahnte ich etwas vom großen Zusammenhang zwischen der Liebe Gottes und der Geschichte unserer Welt: Wenn Gott sich in Jesus von Nazaret gezeigt hat, so fällt von diesem Ereignis her ein Licht sogar auf die Sonnensysteme des Kosmos. Ich versuchte, mein eigenes Leben als Geschichte einer Freundschaft mit Gott zu lesen. Und ich wollte meine Erfahrung mit

Gott und meinen Glauben an die Evolutionstheorie zusammendenken. Eine derart weit gespannte Gedankenbrücke lässt sich wohl nicht einmal in das dickste Buch pressen. In Miniaturen aber kann selbst noch das Größte angedeutet werden.

## 1

Im Anfang
nicht das Wort,
sondern ein ohrenbetäubender Knall.
Noch aber gab es kein Ohr,
das vom Urknall hätte ertauben können.

## 2

Vor allem Anfang war nichts.
Und das Nichts war alles
und alles war nichtig.
Aus dem Nichts
wurde das All
und nichts wurde
ohne das Nichts.

## 3

Aus dem Nichts
entflammte das Licht.
Ex nihilo lux.
Aus absolutem Nullpunkt
sprühte atomares Feuer,
schuf sich den Raum,
in den hinein es sich ergoss,
und brachte die Zeit in Fluss,
mit der es sich ausbreitete.

## 4

Vor Milliarden von Jahren
zuckten Spontan-Blitze
unter Donnerknall
aus sich selbst heraus
und zerstäubten zu Billionen von Sonnen.
Glühsprühende Sterne
und dunkle Materie
sprengten sich
in den explosionsartig
weiter werdenden Weltraum hinaus.

## 5

Nach unvorstellbaren Zeiträumen
und unermesslichen Ausdehnungen
kühlten in der eisigen Einöde des Universums
am Rande der Milchstraße
verschüttete Materieklumpen ab.
Sie umkreisen eine Sonne,
deren Schwerkraft sie
in feste Bahnen bannt.

## 6

Auf einem dieser Planeten
formatierte sich hochkomplexe Materie,
die irgendwann einmal sogar in der Lage ist,
einen Knall zu hören und
über den Urknall nachzudenken.

## 7

Diese eigenwillige Art von Materie
verfügt über eine Art von eigenem Willen.
Was *von sich aus* etwas will,
kann man *Leben* nennen.
Leben ist also ein Selbstversuch
der toten Materie,
bei dem so etwas wie ein Selbst herauskam.
Ein Stein will nichts.
Aber der Schmetterling,
der sich auf ihm niederlässt,
*will* bald wieder weiter.
Denn alles Leben
*will* leben
und um jeden Preis
den Tod vermeiden.

## 8

Mit dem Leben ist
– zeitlich kurz verzögert –
auch der Tod
auf die Welt gekommen.
Sexuelle Fortpflanzung
dient als Waffe
im Kampf gegen den Tod.

## 9

Leben ist radikale Widerstandskraft
gegen die Gesetze der toten Materie.
Denn Materie tendiert zum Zerfall
in immer einfachere Elemente.
Leben dagegen baut sich
immer komplexere Strukturen.
So entwickelten sich
hochlabile Eiweißkörper,
die von selbst
zu krabbeln anfingen.

## 10

Auf dem feuchten Planeten Erde
begannen Algen und Schimmelpilze,
um die Wette zu wachsen und zu wuchern.
In Langzeitversuchen und Kämpfen
um Anpassung an wechselnde Bedingungen
entstand eine Wimmelwelt von Organismen,
die sich bis in die fernsten Nischen drängten:
von der dunklen Tiefsee bis
in die hellsten Lüfte.
Das Leben eroberte sich seine Räume
und tummelt sich in heißen Quellen
und auf dem ewigen Eis.

## 11

Die verspielte Evolution
würfelte die Grundbausteine des Lebens
in ständig neuen Kombinationen zusammen.
Diese Genesis durch Zufallsgeneratoren
brachte bisweilen auch
Auswüchse und Übertreibungen hervor.
Während Federn ursprünglich dem Flug dienten,
kann man bei Paradiesvogel und Pfau
den Eindruck gewinnen,
als schmücke sich Mutter Natur
gerne mit luxuriösen Federkleidern.

## 12

Manche Kombinationen
in der evolutionären Lotterie
entpuppten sich schlussendlich als Nieten.
Der Riesenhirsch imponierte
mit einem gigantischen Geweih,
dessen Übergewicht
seiner Art aber vielleicht
das Genick brach.

## 13

Die komplexeste Struktur,
die der Kosmos
seit dem Urknall
hervorgebracht hat,
ist das menschliche Gehirn.
Dieses Organ
mit seinen vielen Billionen
von feuernden Synapsen
gleicht einem inneren Kosmos,
der dem Menschen
immense Denksphären
und Handlungsspielräume
eröffnet.

## 14

Bei diesem Superhirn
könnte es sich allerdings auch
um ein krebsartiges Geschwür handeln,
das nicht nur der menschlichen Art,
sondern allen Lebensformen
zur tödlichen Bedrohung wird.

## 15

Dieses gigantische Gehirn
befähigte den ersten Menschen
an einem sonnenhellen Tag
zu einem anfänglichen Staunen
und in einer schlaflosen Nacht
zu einer ersten Frage.

## 16

Am Anfang war alles
noch fraglos.
Sterne, Steine, Staub
sind einfach da
und kennen keine Fragen.
Auch Seestern, Steinbock und Staubmilbe
ist nichts fragwürdig.
Der Mensch jedoch
wird sich selbst
zum großen Fragezeichen.

## 17

Die komplexe Struktur des Gehirns
vermag die innersten
Zusammenhänge der Welt
abzubilden und zu begreifen.
Im Menschen fragt das Leben danach,
was das Leben ist,
und stellt sogar den Tod in Frage.

## 18

Mit dem Fragen hebt das Denken an,
welches das Fragen selbst in Frage stellt:
Denn wozu eigentlich
sollte sich der Mensch
den Kopf zerbrechen?
Warum ist er nicht einfach fraglos da?
Im Nachsinnen begibt sich der Mensch
auf Spurensuche nach einem Sinn.

## 19

Stellt der Mensch das zufällige Ergebnis
eines kosmischen Würfelspiels dar,
das nach ungezählten Kombinationen
ein Wesen hervorbrachte,
das selbst ein Würfelspiel erfinden kann?

## 20

Wohnt ein Sinn im großen Ganzen
oder lesen Menschen nur etwas hinein,
so wie man am Sternenhimmel
Bilder zu erkennen wähnt?
Entfährt der große Wagen
nur einer vagen Vorstellung
übergroßer Phantasie?
Oder birgt die Welt Chiffren
eines verborgenen Sinns,
der entziffert werden kann?

## 21

Im Gemälde spiegelt sich
die Phantasie der Malerin
und in der Partitur
der Genius des Komponisten.
Wenn jedes Kunstwerk etwas
von seiner Urheberin preisgibt,
verraten vielleicht auch
die Sachen der Welt
etwas über ihre Ur-Sache.
Steht am Ursprung aller Dinge
vielleicht ein Unbe-Dingtes?

## 22

Der Mensch ist das Lebewesen,
das nachdenken kann.
Nach-denken könnte voraussetzen,
dass sich schon vorher
jemand etwas gedacht hat.
Waren die Naturgesetze so ersonnen,
dass sie die Entstehung eines
Wesens erlaubten,
das über die Gesetze
seiner eigenen Hervorbringung
nicht nur nachsinnen,
sondern sie durchschauend
sogar überschreiten kann?

## 23

Wenn die Gesetze des Kosmos
einer Logik entsprechen,
könnte man an einen Logos denken,
an eine Grund legende Vernunft,
der sich die Naturgesetze verdanken.
Doch was hat sich
der unbedingte Bedinger gedacht,
als er Spielregeln erfand,
die die Entstehung
eines denkenden Wesens
erlaubten?

## 24

Gesetze setzen fest und markieren Grenzen.
Innerhalb eines Rahmens von Begrenzungen
wird zugleich ein Freiraum definiert.
Im Menschen taucht ein Lebewesen auf,
das diesen Spielraum nicht nur nutzen,
sondern stets noch weiten will.

## 25

Die elementarste Freiheit
zeigt sich in der Zweigung
zwischen Ja und Nein.
Der Mensch ist das Lebewesen,
das sein eigenes Dasein bejahen
und verwerfen kann.
Unter allen Geschöpfen
ist nur dem Menschen
die Möglichkeit zum Selbstmord
gegeben.

## 26

Der Mensch sucht nach Gründen,
die erklären, wie eins das andere
verursacht und bedingt.
Hat nun der Lauf der Welt
aber nicht nur Gründe,
sondern auch einen guten Grund?
Und wenn der Mensch mathematisch
mit Unendlichem rechnen kann,
warum sollte er dann nicht auch
mit einem Unendlichen rechnen?
Gibt es womöglich
nicht nur ur-sächliche,
sondern auch eine ur-persönliche Macht?

## 27

Gott,
das alt-abgegriffene Wort
für das Unbegreifliche,
dient immer noch
als Deckname dafür,
dass diese Welt
mehr ist als alles,
was der Fall ist.

## 28

Mit der Rede von Gott
als Schöpfer der Welt
geht es primär nicht
um den zeitlichen Anfang,
sondern ums Prinzip:
In principio creavit Deus
caelum et terram.
Hinter den Tatsachen der Welt
steht ein Tatmotiv.

## 29

Nur Allmacht vermag es,
sich selbst radikal zurückzunehmen,
um andere zu ermächtigen.
Wenn die Evolution Lebewesen hervorbringt,
die zunehmend über Freiheit verfügen,
dann könnte der All-Ursache
an dieser Freiheit gelegen sein.
Demnach verdankte sich die Welt
einer kreativen Kraft,
die ihrer Schöpfung
wachsende Freiräume gewährt.
Freiheit zu schenken aber
zeugt von Liebe.

## 30

Freiheit hat freilich ihren Preis.
In einer perfekt
vorprogrammierten Welt
wäre eine Evolution,
die zu einem freien Wesen führt,
nicht möglich.
Ohne das Risiko des Scheiterns
kann es keine Freiheit geben.
Das Leiden ist eine dunkle Nebenwirkung
– oft brutalen Ausmaßes –
einer freischaffenden Evolution.

## 31

Liebe ist nur
zwischen Freien möglich.
Eine erzwungene Liebe ist keine.
Die wachsenden Spielräume,
die sich dem Menschen öffnen,
entbinden ihn zur Eigenständigkeit.
Die Macht, der sich der Mensch
verdanken könnte,
legt wohl höchsten Wert auf solche Freiheit,
damit der Mensch zu echter Liebe fähig sei.
Es soll ihm frei stehen,
sich zu seiner Herkunft zu verhalten:
Er kann ihr fluchen oder danken,
sie hassen oder lieben.

## 32

Es ließe sich folglich
auf eine unbedingt Freigiebige schließen,
die die Welt aus Liebe schuf
und ein liebesfähiges
Gegenüber erhoffte.
Ist das der tiefere Sinn
des gigantischen Unternehmens
vom Urknall bis zum Verknalltsein?

## 33

Gott als Liebender
sucht seinesgleichen.

## 34

Jemanden lieben meint,
ein Gegenüber
beglückend wahrnehmen,
annehmen und sein Wohl wollen.
Liebe ist freudige Zustimmung
zur Wirklichkeit des anderen.
Dieses freund-liche Bejahen
kann man auch
*segnen* nennen:
*bene dicere,*
gut-heißen,
als gut erachten,
jemandem gut zureden.

## 35

Kosmologen enträtseln
die Gesetze von Raum und Zeit.
Biologen entwirren die Muster
bei der Entwicklung des Lebens.
Doch selbst der Nobelpreis für Biochemie
befähigt nicht dazu,
das kleinste Atom zu segnen
und seine Existenz für gut zu erklären.
Nur ein anderer als die Welt
kann die Welt segnen und ihr
ein universales Gütesiegel verleihen.
Der Kosmos wird nur
durch ein göttliches Wort
ausgesprochen
gut.

## 36

Von nichts
kommt nichts.
Es braucht also eine Zusage,
damit es etwas gibt
und nicht nur
einfach nichts.
Gott ist der Name
für diese Bejahung.

## 37

Im Anfang war das Ja
und das Ja war bei Gott.
Und Gott war das Ja.
Im Anfang war das Ja bei Gott.
Alles ist durch das Ja geworden.
und ohne das Ja wurde nichts,
was geworden ist.

## 38

Wenn ein göttliches Jawort
die Entstehung des Menschen
liebevoll im Sinne hatte,
dann in der bangen Hoffnung,
dass dieses Geschöpf
seine Liebe erwidert.
Jede Liebe setzt sich dem Risiko aus,
keiner Antwort gewürdigt zu werden.
Muss sie es aushalten,
zurückgewiesen und
verschmäht zu werden,
leidet sie unsäglich.

## 39

So sehr hat Gott den Menschen geliebt,
dass er ihm die Freiheit schenkte,
auch ohne Gott leben zu können.
Weil göttliche Liebe
auch dort schenken will,
wo sie keinen Dank erntet,
hat sie die Möglichkeit
des Atheismus gebilligt.

# 40

Die Quelle hält es aus,
wenn sich der Fluss munter sprudelnd
seine eigenen Bahnen gräbt
und darüber seinen Ursprung vergisst
oder gar verleugnet;
wenn er unter dem Eindruck
eigener Kraft wähnt,
er fließe ganz aus eigenem Vermögen.
Weil sich der Fluss jedoch
unaufhörlich aus dem Quellgrund speist,
bleibt eine dunkle Ahnung
an den Urquell gewahrt.

## 41

Gott hält es aus,
wenn der Mensch
ichverliebt und selbstbezogen
seinen Ursprung vergisst
und aus sich selbst
hervorzusprudeln glaubt.
Zugleich bleibt dem Menschen
unauslöschlich eingeprägt
ein verborgenes Wasserzeichen,
das bisweilen in jener Unruhe durchscheint,
die ihm von Anfang an
in die Wiege gelegt ist.

## 42

Eine angeborene Heimatlosigkeit
macht den Menschen von Haus aus
zum rastlosen Gast.
Hin und her gerissen
zwischen Heimweh und Fernweh
irrt er umher wie ein Vertriebener,
der irgendwie vergessen hat,
aus welchem Land er stammt
und aus diesem Grund
nie mehr nach Hause findet.
Auch die schönsten Immobilien können ihn
auf Dauer nicht bequemen.
Kaum hat er sich häuslich niedergelassen,
treibt ihn eine innere Stimme
wieder weiter wie eine Kunstführerin,
die angesichts der Mona Lisa
unablässig flüstern muss:
Weitergehen! Bitte weitergehen!

## 43

Der psychosomatisch bedingte
Mangel an Sitzfleisch
zieht die Menschen immer wieder fort
aus den sanftesten Sesseln
und den trautesten Träumen.
Jeder erfüllte Wunsch
bringt einen Wurf
neuer Wünsche zur Welt.
So wird der Mensch
unerbittlich weitergetrieben
ins Unwirtliche hinaus,
fortlaufend Ausschau haltend
nach unbegrenzten Horizonten.

## 44

Vom Gebiss her gilt der Mensch
als ein Allesfresser,
vom Gehirn her aber
als ein Nimmersatt.
Was auch immer er
in sich hineinschlingt,
fassungslos findet sein Geist
nie zur Ruhe.
Er gleicht einem Fass ohne Boden,
das von nichts und niemandem
gefüllt werden kann.
Lässt sich aus der
menschlichen Maßlosigkeit
am Ende mutmaßen,
dass alle Menschen
auf Unermessliches
geeicht sind?

## 45

Durch seinen ewigen Hunger
bleibt der Mensch auf Ewiges bezogen.
Durch diese *Rück-bindung*
die im Begriff der *Re-ligion*
zum Ausdruck kommt,
gelangt der Mensch nie in den
Ruhestand seiner selbst.

## 46

Wer ist der Ursprung
von solch maßlosem Heißhunger
nach Unendlichem,
wenn nicht es selbst?
Wer hat dem Menschen
diese Unruhe ins Herz gelegt,
wenn nicht die Ruhe selbst?

## 47

Wenn es göttlichen Ursprungs ist,
was im Menschen derart Unruhe stiftet,
so treibt diese unsichtbare Hand
– eine List der Liebe –
den Menschen dazu an,
nach Gott zu tasten.
Wie Zugvögel im Herbst
einem eingepflanzten Instinkt gemäß
sich sammeln und ins Blaue aufsteigen,
so orientiert ein geheimes Magnetfeld
auch den Menschen himmelwärts.

## 48

In jedem Durst
lechzt schon ein Vorgeschmack
erhoffter Stillung.
Im Heimweh zeichnet sich
insgeheim ein Wunschbild
bleibender Geborgenheit ab.
Im Gotteshunger
schmerzt eine Leerstelle,
die das Göttliche als Negativ spiegelt.

## 49

Sind solche Träume
nur aufgeschäumte Projektionen,
hohle Hoffnungen,
an die bleiche Leinwand
menschlicher Einbildung geworfen?
Religionskritiker halten die Gottessehnsucht
für eine schädliche Nebenwirkung
des unstillbaren Wissensdurstes,
von dem das menschliche Gehirn befallen ist.
Der real existierende Durst
ist allerdings kein Argument
für die Nichtexistenz von Wasser
(von Bier ganz zu schweigen).
In einem Sehnsuchtsbild
kann sich auch Wahrheit spiegeln.

## 50

Das große Gehirn
eröffnet dem Menschen
wahrhaft Großartiges:
Menschen geraten aus dem Häuschen
und bauen Kathedralen.
Andere springen über ihren Schatten
und besingen das Licht.
Ein unermüdlicher Forscherdrang
entwickelt das Ruderboot
weiter zum Raumschiff.
Und aus Liebe wird Menschen
schier Übermenschliches möglich.

## 51

Das epidemische Knurren des Magens
und das quälende Ungenügen des Geistes
können freilich auch
zu Übersprungshandlungen verleiten.
Menschen jagen nach Schnäppchen,
nach dem Immer-mehr
von allem Möglichen.
Hier liegt die Wurzel
der unersättlichen Gier,
die den Menschen
überschnappen lässt und
in zerstörerischem Strudel
in den Abgrund treibt.

## 52

Der Mensch kann
seiner chronischen Unruhe,
die ihn zu Größerem lockt,
allerdings auch müde werden
und sich in seinen vier Wänden kleinbürgern.
Der Möglichkeiten gibt es viele,
die endlosen Fragen zu übertönen,
die sich ihm ständig stellen.
Wohlfeile Drogen jeglicher Couleur
vom Kaufrausch bis zu Ecstasy
gaukeln glückliche Welten vor
und schalten den Menschen
auf Schlummermodus.

## 53

Ohne die großen Fragen freilich
züchtet sich der Mensch
zum Affenartigen zurück,
der sich mit einer Banane zufrieden gibt,
ohne sich über deren Krümmung
(oder gar die des Raumes)
den Kopf zu zerbrechen.
Freilich: Solange
das menschliche Bewusstsein
unaufhörlich neue Fragen generiert,
wird es den Menschen beunruhigen
und vor sich selber her treiben.

## 54

Der in übergroßen Gehirnen
grassierende Größenwahn,
der sich in grenzenloser
Gier niederschlägt,
kann durch die Erfahrung
von Liebe und Leid
gebrochen werden.
Denn herausgeschleudert
aus dem Kreisverkehr um sich selbst
öffnet sich ein Weg zum anderen.
Im Zwischenmenschlichen
ist man insgeheim
auch mit dem Göttlichen
auf Du und Du.

## 55

Religion dient als Heilmittel
gegen jeglichen Absolutismus.
Religion ist Relativitätspraxis.

## 56

Wenn der Mensch
in die Falle tappt,
sich selbst oder
weiß der Teufel was
zu vergöttern,
so kann Religion davon erlösen:
Nichts und niemand
– nicht einmal das eigene Ich –
darf sich derart anmaßend
in die Mitte drängen,
dass sich alles andere
um dieses Zentrum drehen muss.
Nur Gott gebührt der Mittelpunkt:
Von diesem her
ordnet sich alles
in angemessener Weise.

## 57

Wie aber kann Begrenztes
ein Unbegrenztes kontaktieren?
Wie vermag sich der endliche Mensch
in ein unendlich größeres
Netzwerk einzuwählen?
Wie soll der Mensch
von Göttlichem ergriffen werden,
wenn jenes unbegreiflich bleibt?
Schon eine vierte Dimension übersteigt
die Fassungskraft des Menschen.

## 58

Die Ameise, die über ein Buch
des Ameisenforschers E. O. Ẃilson krabbelt,
kann dessen wissenschaftliche Würdigung
des Ameisenstaates nicht lesen,
geschweige denn erfassen.
Geht es nicht dem Menschen
wie einem Wellensittich,
der auf der Fernsehantenne sitzend
keinen Sensus für die
elektromagnetischen Wellen besitzt,
die zu seinen Füßen fließen
und eine ganze Fernsehwelt codieren?

## 59

Ohne einen Sensus für Unfassliches
wäre der Mensch unsensibel
für Unermessliches.
Nur wenn das Göttliche,
und sei es als Leerstelle,
im Menschen wohnt,
kann es ihn anrühren.

## 60

Bedient sich Gott vielleicht
des großen menschlichen Gehirns,
damit der Mensch,
elektrisiert von der Übergröße
göttlicher Erhabenheit,
sich zu wundern beginnt?
Dient des Menschen
unstillbare Sehnsucht
als Satellitenschüssel,
um göttliche Signale aufzufangen?

## 61

Die Tempel aller Religionen
sind erbaut über den Altären
des zitternden Staunens
vor der Übergröße des Kosmos.
Wer mit geweiteten Augen
durch die Welt geht,
dem bleibt oftmals
der Mund offen stehen,
so licht leuchtet das Schöne.
Alles Erstaunliche
bringt im Menschen
eine Saite zum Klingen,
die auf Jenseitiges
gestimmt ist.

## 62

Im Sturm und Drang nach Freiheit,
in der unersättlichen Sehnsucht nach mehr,
im unstillbaren Durst nach Liebe
zeigt sich das Göttliche
als Fehlanzeige seiner selbst
wie auf einem Steckbrief:
Vermisst!

## 63

Wenn Einzelne oder ein ganzes Volk
aus Sucht und Sklaverei entkommen,
so können sie diesen Auszug als Exodus,
als Gabe eines Gottes feiern,
der sich an solcher Freiheit freut.

## 64

Menschliche Freiheit bleibt stets bedroht
durch den Drang zur Dominanz.
Alle Zehn und tausend andere Gebote,
die das Recht vor Willkür schützen,
sind daher im Sinne Gottes,
der Gnade als Recht ergehen lässt.

## 65

Gott aber will nicht nur
als Wächter der Gerechtigkeit
verstanden werden,
der alles überthront.
Denn eine Liebende
brennt doch
nach der Nähe des Geliebten
und will selbst
das letzte Hemd noch,
das taschenlose,
mit ihm teilen.
Sollte Gott als Liebe
nicht hautnah den Geliebten suchen,
um Hand in Hand mit ihm
durch Himmel und Hölle zu gehen?

## 66

Raunt sich der unsagbare Gott
dem lauschenden Ohr
des Menschen zu?
Nutzt der Unaussprechliche
die menschliche Sprache,
um sich namentlich auszusagen?
Schreibt sich der Unbenennbare
nicht nur ein auf Papier und Pergament,
sondern drückt sich aus
in Fleisch und Blut?

## 67

Findet sich womöglich ein Mensch,
dessen Sehnsucht nach Gott
so heiß und hell brennt,
dass in dieser Glut zugleich
das göttliche Feuer
des *Ich bin da*
in Reinform leuchten kann?

## 68

In Gottes Namen
klingt ein Versprechen
hoch und heilig:
*Ich bin für dich da!*
Viele Frauen und Männer,
die dem Handwerker aus Nazaret
begegnet sind,
beglaubigen einhellig:
Gott hat in diesem Jesus
sein Versprechen wahr gemacht.

## 69

Wölfe können sich nicht unwölfisch verhalten
und Affen bleiben immer affig.
Nur Menschen können
unmenschlich werden.
Woran jedoch bemisst sich
wahre Menschlichkeit?

## 70

In Jesus hat sich Gott
seinen Wunschtraum vom Menschen erfüllt.
Daher wirkt der Zimmermann aus Nazaret
maßgeblich für das Humane:
Denn er strahlte eine derart
einleuchtende Menschlichkeit aus,
dass sich darin Göttliches widerspiegelt.
Wie sich Jesus zeigte,
das sieht Gott ähnlich.

## 71

Niemand erzählte je
mit leuchtenderen Augen
von Gott und Mensch
als der Mann aus Galiläa.
In Jesus wurde Gott anschaulich.

## 72

Gott als Liebe
will dem Menschen
nicht irgendetwas schenken,
sondern sich selbst,
mit Haut und Haar.
So kann der Mensch
mit Blick auf Jesus rufen:
Das endlich ist Fleisch
von meinem Fleisch
und Gott
von meinem Gott!

## 73

Nie zeigte sich jemand
so von göttlicher Liebe erfüllt
wie Jesus von Nazaret.
Daher kann jeder Mensch
den göttlichen Quellgrund in sich
umso tiefer erschließen,
je inniger er sich
von Jesu Menschlichkeit
ansprechen und prägen lässt.
Durch sie kann
wach geküsst werden,
was in allen schon
von jeher schlummert:
das Göttliche im Menschen.

## 74

Seinen wahren Wert bezog Jesus
aus dem Eintauchen
in das tiefgründige Vertrauen,
dass er von jeher und auf immer
Gottes unendlich Geliebter ist.

## 75

Jesus war Grenzgänger
zwischen Gott und Mensch.
Des göttlichen Innenlebens
in jedem Menschen gewiss
überschritt er leichtfüßig
soziale und religiöse Barrieren.
In seinem Freundeskreis
fanden sich Frauen und Männer.
Damit verwirklichte Jesus
Gottes ursprüngliches Projekt:
Dass sich die gesamte Menschheit
als geistesverwandte Familie Gottes
verstehen lernt.

## 76

Frei und ungeniert
lud sich Jesus selbst
an fremder Leute Tisch.
Sein Gastgeschenk:
die Gegenwart Gottes
als des eigentlichen Gastgebers.

## 77

Jesus predigte moralinfrei:
Es gilt einzig und allein,
jenem Gott nachzueifern,
dessen Vollkommenheit
sich darin zeigt,
dass er nicht
auf moralische Vollkommenheit schaut.
Vielmehr lässt er
seinen Regenbogen leuchten
über Guten und Bösen.

## 78

Bei Kranken
konnten Jesu Worte
Wunder wirken
und sein Blick erweckte
Liebe zum Leben.
Aus göttlich leichtem Sinn
wagte Jesus sich aufs Wasser
und rettete aus den Untiefen
die durch Ego-Schwerkraft
in sich Versinkenden
mit gekonntem Rettungsgriff.

## 79

Die Entdeckung solcher Liebe
provoziert eine kopernikanische Wende:
Das ego-zentrische Weltbild zerbricht
und es öffnet sich der Blick
für das göttliche Ebenbild im Du.

## 80

Jesus versprach
einen echten Schatz:
Wer sich nicht an Habe ergötzt,
sondern sich selbst
in Liebe investiert,
wird reich in Gottes neuer Welt.
Nenne einen andern Menschen *Schatz*,
so wirst du einen Schatz im Himmel haben.

## 81

Weil Jesus auf Gottes Güte baute,
konnte er an das Gute
in jedem Menschen glauben.
Und wer wie Jesus
auf Gott vertraut,
glaubt im gleichen Atemzug
auch an das Gute in sich
und in allen.

## 82

An Gott glauben heißt:
Die Welt bejahen
und vertrauensvoll
den eignen Lebenslauf
stets neu unterschreiben
in der Hoffnung,
dass er ein gutes Ende nimmt.

## 83

Im Menschen wohnen
allerdings auch Aber-Geister,
die ihn an sich selbst
und allem andern
zweifeln lassen.
Das grundlegende *Ja* Gottes
wird durch das ewige *Ja, aber …*
immer wieder untergraben.
Dieser Aber-Glaube regiert
mit dem Schreckgespenst der Angst.
Er flüstert dem Menschen ein,
er sei nicht liebenswert.
Er müsse sich folglich seinen Wert
durch übermenschliche Leistungen
selbst verdienen.
Oder an sich selbst
verzweifeln.

## 84

Die Menschheit krankt
von allem Anfang an
an diesem parasitären Befall
von Angst und Misstrauen,
die sich wie eine Erbkrankheit
tief in die Gehirnwindungen
eingefressen haben.
Jesus entlarvte das Hirngespinst,
dass Gottes Ja
nichts gelte.

## 85

Nichts braucht und ersehnt
der Mensch mehr als Liebe.
Und kann sie doch oft nicht zulassen.
In Jesus riskierte Gott
seinen ultimativen Annäherungsversuch
an den Menschen.
Viele freilich konnten
aufgrund innerer Fliehkräfte
solche Nähe nicht aushalten.
Und darum musste
Jesus beseitigt werden.

## 86

Weil Jesus
Gottes Nähe
gratis schenkte,
geriet er ins Fadenkreuz jener,
die Gott gebührenpflichtig
zu verwalten vorgaben.
Ihnen wurde er zum Stein des Anstoßes,
zum An-Eck-Stein.

## 87

Bei seinem Abschiedsessen
zelebrierte Jesus
jene innige Geste
die allein den Planeten Erde retten kann:
Angesichts begrenzter Ressourcen
ist das Teilen absolut
überlebensnotwendig.
Dieses sein Vermächtnis
sollte unvergesslich bleiben:
Im wahren Gottesdienst
wird Gerechtigkeit kommuniziert.

## 88

Jesus blieb sich selbst,
den Menschen und Gott treu,
als er von Hass umflutet
in Todesangst zu versinken drohte.
Er ließ sich nicht in den Strudel
von Rachegedanken hineinziehen.
Tapfer hielt er
den bösen Blicken
stand und starb,
der Liebe Lichtblick
in den Augen bis zuletzt.

## 89

Der an Totholz hängende Mensch
macht offen sichtlich,
wie vernagelt Menschen handeln können:
nämlich Gutes mit Bösem zu vergelten.
In einem aufs Kreuz gelegten Menschen
wird dagegen sichtbar
wozu Gott fähig ist:
nämlich Böses mit Gutem zu vergelten.

## 90

Hierin feiert die Liebe
ihren höchsten Triumph:
Sie lässt den Hass
an sich austoben
und schlägt nicht zurück.
Die nicht heimgezahlte Gewalt
ist der Preis für die Erlösung
aus dem Kreislauf
des Auge um Auge.
Mit Jesu gewaltfreiem Tod
geschieht der große Schuldenschnitt,
der die endlose Kettenreaktion
menschlicher Gewalt
heilsam unterbricht.

## 91

Liebe ist ursprünglichste Energie,
allbewegende Bewegerin.
Für Liebe gilt der Satz
von der Erhaltung der Energie:
Nie kann sie verloren gehen;
immer bleibt sie,
auch in verwandelter Form.

## 92

Tod führt zum Abbruch
jeglicher Beziehung.
Gott als Liebe aber
kann Beziehungslosigkeit
auf den Tod nicht leiden.
Daher ruft sie durch ihr
schöpferisches Wort
den unschuldig Ermordeten
neu ins Leben
und schenkt Beziehung,
der kein Tod mehr droht.

## 93

Das Kreuz auf Golgotha
wird zur Schnittstelle
von Gott und Mensch:
Nach dem Aufstieg
aus der Todestiefe
hat Jesus Christus
das Gipfelkreuz des Lichtes
erreicht.
Damit ist zugleich
die Expedition Menschheit,
in einer einzigen Seilschaft verknüpft,
auf dem Berg des neuen Lebens
angekommen.

## 94

In einem konkreten Menschenschicksal
hat Gott die ganze Welt berührt:
Wie ein Kuss auf unsern Mund
nicht nur unsren Lippen gilt,
sondern uns meint ganz und gar,
so ist Jesus Christus
Gottes Kuss,
mit dem der Unfassliche
allen Raum und jede Zeit
und die gesamte Menschenkette
umfassend liebkost.

## 95

Wenn eine Vertikale von oben
eine Horizontale kreuzt,
wird diese dadurch
in all ihren Punkten
nach oben verbunden.
Wenn Gott im Raum-Zeit-Kontinuum
an einem konkreten Ort Mensch wird,
so wird damit das gesamte Weltall
und alle Geschichte
zuinnigst mit Gott vereint.

## 96

Diese innige Verbundenheit
führt zu einer Neueröffnung
von innerem Lebensraum.
Beseelt vom heiligen Geist,
der in allen wohnt,
muss niemand mehr
sich selbst durchsetzen,
um jemand zu sein.
Vielmehr können alle
gratis leben,
sich selbst geschenkt
und zur Hingabe
an andere begabt.

## 97

Dem Menschen
als Früchtchen
am Baum des Lebens
ist es gegeben,
die noch unfertige und daher
mangelhafte Schöpfung
weiter zu entwickeln
und liebevoll zu gestalten.
So könnte unser blauer Planet
als göttlich-menschlicher
Gemeinschaftsgarten blühen.

## 98

Durch sein Giga-Hirn
ist der Mensch selbst
zum Baum der Erkenntnis
von Gut und Böse geworden.
Folgt er allerdings
wider besseren Gewissens
seiner hirnlosen Gier,
wird er das bisschen Himmel,
das auf dieser Erde keimen könnte,
samt seiner selbst
aus dem Universum vertreiben.
Wäre des Menschen Abgesang
dann das Ende vom Lied?
Sollte die Schöpfung schlussendlich
als die unvollendete verklingen?

## 99

Nein!
Am Ende aller Lichtjahre
erdröhnt kein Knall,
ertönt vielmehr
die Symphonie
einer neuen Welt.
Der ganze Kosmos strahlt
von innen her festlich erleuchtet
in vollendeter Schönheit.
Die Tränen aller Menschennächte aber
und jedes Kinderlachen
und die Blicke der Verliebten
bleiben Gott auf ewig
in lebendiger Erinnerung.
Und das Ja-Wort des Anfangs
klingt allen Geschöpfen
gottinwendig weiter
als der Liebe
ewiges Lied.

## Von Andreas Knapp sind im Echter Verlag ebenfalls erschienen:

### Gedichtbände

*Weiter als der Horizont*
9. unveränd. Auflage 2019
ISBN 978-3-429-02506-9

*Brennender als Feuer*
9. Auflage 2019
ISBN 978-3-429-02624-0

*Tiefer als das Meer*
6. Auflage 2019
ISBN 978-3-429-02772-8

*Gedichte auf Leben und Tod*
5. Auflage 2019
ISBN 978-3-429-03039-1

*Höher als der Himmel*
5.Auflage 2020
ISBN 978-3-429-03295-1

*Heller als Licht*
5.Auflage 2021
ISBN 978-3-429-03736-9

*Ausblicke ins Unendliche*
Naturgedichte von Andreas Knapp, mit Fotos von Barbara Wolfers
ISBN 978-3-429-03571-6

*Beim Anblick eines Grashalms*
Naturgedichte
ISBN 978-3-429-04408-4

### Weihnachten

*Mit Engeln und Eseln*
5.Auflage 2020
ISBN 978-3-429-03636-2

*Hörbuch auf CD*
ISBN 978-3-429-03738-3

*Hörbuch – Download*
ISBN 978-3-429-06205-7

*Und er sucht Platz unter uns*
von Trygve Skogrand
mit Texten von Andreas Knapp
ISBN 978-3-429-03770-3

*dass ein licht geboren werde*
Tischkalender
ISBN 978-3-429-03858-8

### Ostern

*Das Ende vom Ende*
Geschichten gegen den Tod
ISBN 978-3-429-03918-9